Impressum
Verlag: BABADADA GmbH, Nedderfeld 112 , 22529 Hamburg
Geschäftsführer / Verlagsleitung: Harald Hof
Druck: Books on Demand GmbH, In de Tarpen 42, 22848 Norderstedt

Imprint
Publisher: BABADADA GmbH, Nedderfeld 112 , 22529 Hamburg, Germany
Managing Director / Publishing direction: Harald Hof
Print: Books on Demand GmbH, In de Tarpen 42, 22848 Norderstedt, Germany

школа

xikolo

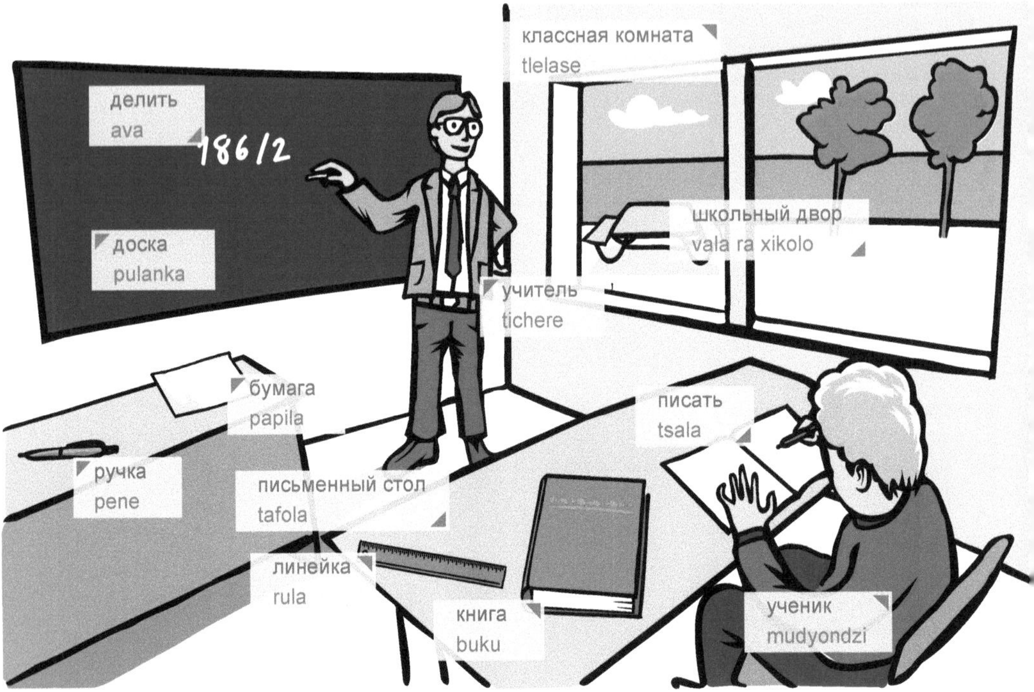
классная комната
tlelase
делить
ava
186/2
доска
pulanka
школьный двор
vala ra xikolo
учитель
tichere
бумага
papila
писать
tsala
ручка
pene
письменный стол
tafola
линейка
rula
книга
buku
ученик
mudyondzi

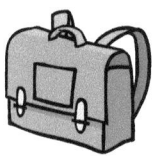

ранец

xinkwamana

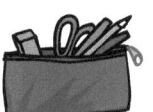

пенал

bokisi ra tipensele

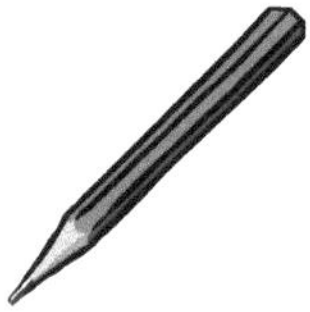

карандаш

pensele

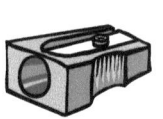

точилка

muchini wo vatla tipensele

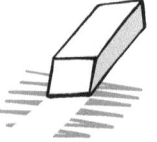

ластик

rhaba

альбом для рисования

papilo ro dirowa

рисунок

xifaniso lexi diroweke

кисточка

burachi ro penda

коробка красок

bokisi ro penda

ножницы

xikero

клей

xidamarheti

тетрадь

buku ya xikolo

домашняя работа

ntirho wa le kaya

цифра

nombhoro

прибавлять

engeta

вычитать

susa

умножать

andzisa

считать

hlaya

буква

letere

алфавит

maletere

слово

rito

текст

rungula

читать

hlaya

мел

choko

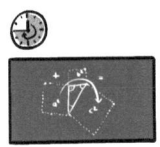

урок

dyondzo

классный журнал

tsarisa

экзамен

xikambelo

диплом

xitifiketi

школьная форма

swiambalo swa xikolo

образование

dyondzo

энциклопедия

nsonga-vutivi

университет

univhesiti

микроскоп

makhiriskopu

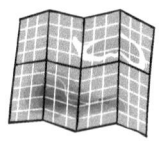

карта

mepe

корзина для бумаг

xikotela xo lahla maphepha

путешествие
kufamba

гостиница
hotele
Grand
турбаза
hositele
ROOMS
пункт обмена валюты
ndhawu yo cinca mali
чемодан
putumendhe
автомобиль
movha

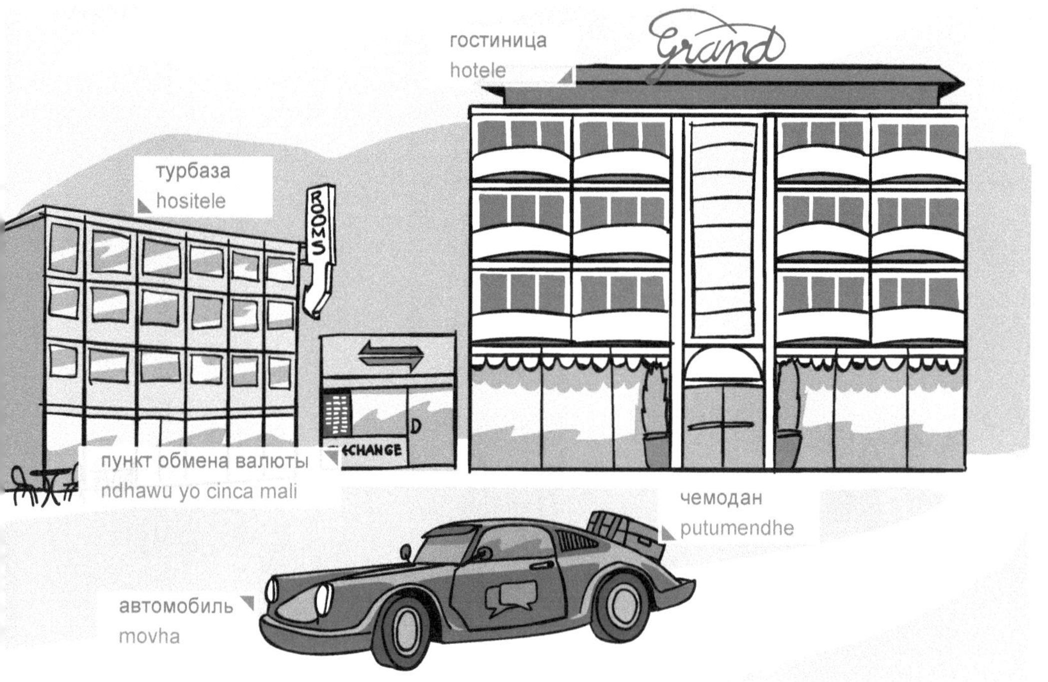

язык

ririmi

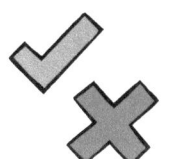

да / нет

ina / e-e

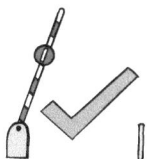

хорошо

Swikahle

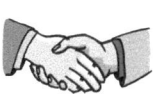

Привет

ahe

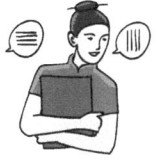

переводчик

muhundzuluxeri

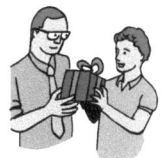

Спасибо

Ndza khensa

Сколько стоит...?

ivungani...?

Я не понимаю

Andzi twisisi

проблема

nkinga

Добрый вечер!

Riperile!

Доброе утро!

Maxelo ya kahle!

Доброй ночи!

Vusiku bya kahle!

До свидания

sala kahle

направление

nkongomiso

багаж

mindzhwalo

сумка

nkwama

рюкзак

nkwama

гость

muendzi

комната

kamara

спальный мешок

nkwama wo etlela

палатка

tende

путешествие - kufamba

туристическая
информация
vuxokoxoko bya vaendzi

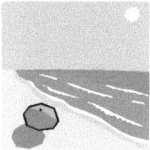

пляж

ribuwa

кредитная карточка

khadi ra xikweleti

завтрак

xifihlulo

обед

swakudya swa ninhlekani

ужин

swakudya swa nimadyambu

билет

thikithi

лифт

kheshe

почтовая марка

xitempe

граница

ndzilakana

таможня

mikhuva

посольство

hovisi ya vuyimeri ya tiko

виза

visa

паспорт

pasi ro endza

транспорт

swilo swo famba

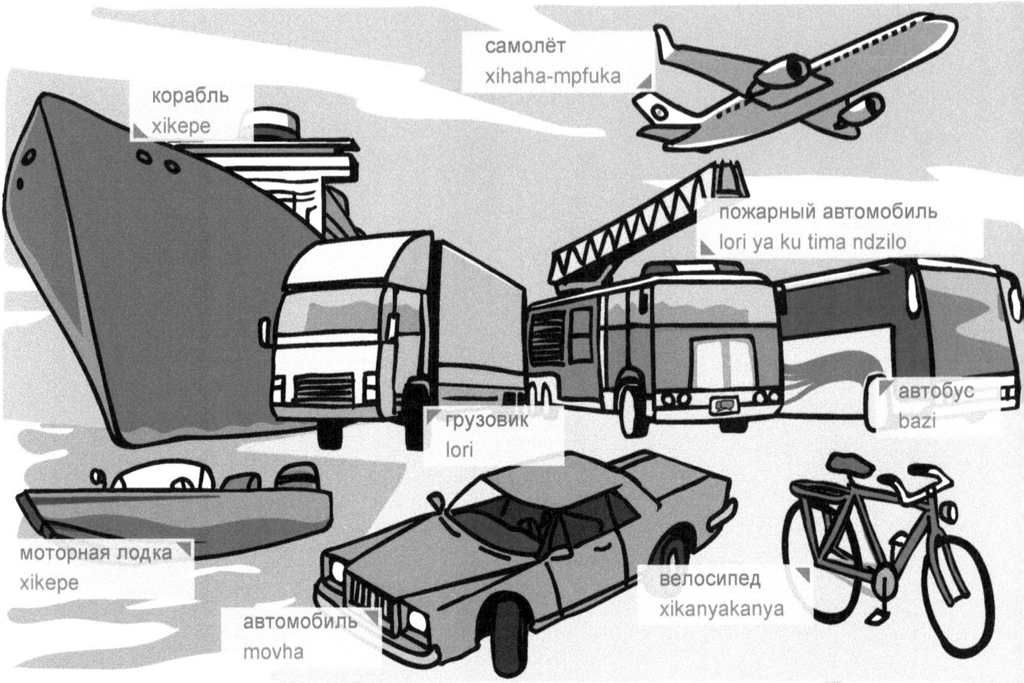

самолёт
xihaha-mpfuka
корабль
xikepe
пожарный автомобиль
lori ya ku tima ndzilo
автобус
bazi
грузовик
lori
моторная лодка
xikepe
велосипед
xikanyakanya
автомобиль
movha

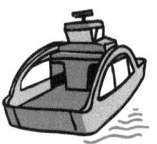

паром

xikepe

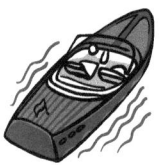

лодка

xikepe

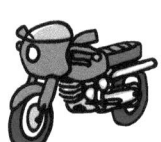

мотоцикл

xithuthuthu

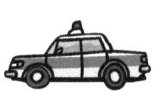

полицейский автомобиль

movha wa maphorisa

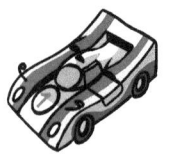

гоночный автомобиль

movha wa mphikizano

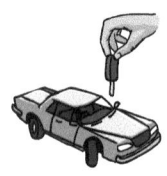

арендованный автомобиль

movha yo lombiwa

совместное пользование
автомобилями

ku avelana hi movha

буксировочный
автомобиль

lori yo koka timovha

мусоровоз

lori yo rhwala chaka

двигатель

njhini

топливо

mafurha

заправка

ndhawu yo xavisa petirolo

дорожный знак

mpfungo wa le patwini

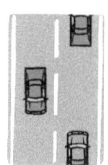

движение

mafambelo ya mimovha

пробка

ntlimbano wa timovha

автостоянка

phaki ya timovha

вокзал

xitichi xa xitimela

рельсы

mintila

поезд

xitimela

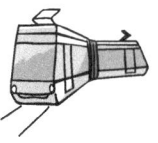

трамвай

banzi leri fambaka
exiporweni

вагон

kalichi

вертолёт

xihaha-mpfuka-phatsa

аэропорт

rivala ra siwhaha-mpfuka

вышка

xihondzo

пассажир

mukhandziyi

контейнер

bokisi

коробка

bokisi

тележка

kalichi

корзина

xirhundzi

взлетать / приземляться

suka / tshama

город

doroba

деревня

muti

центр города

nkava wa doroba

дом

yindlu

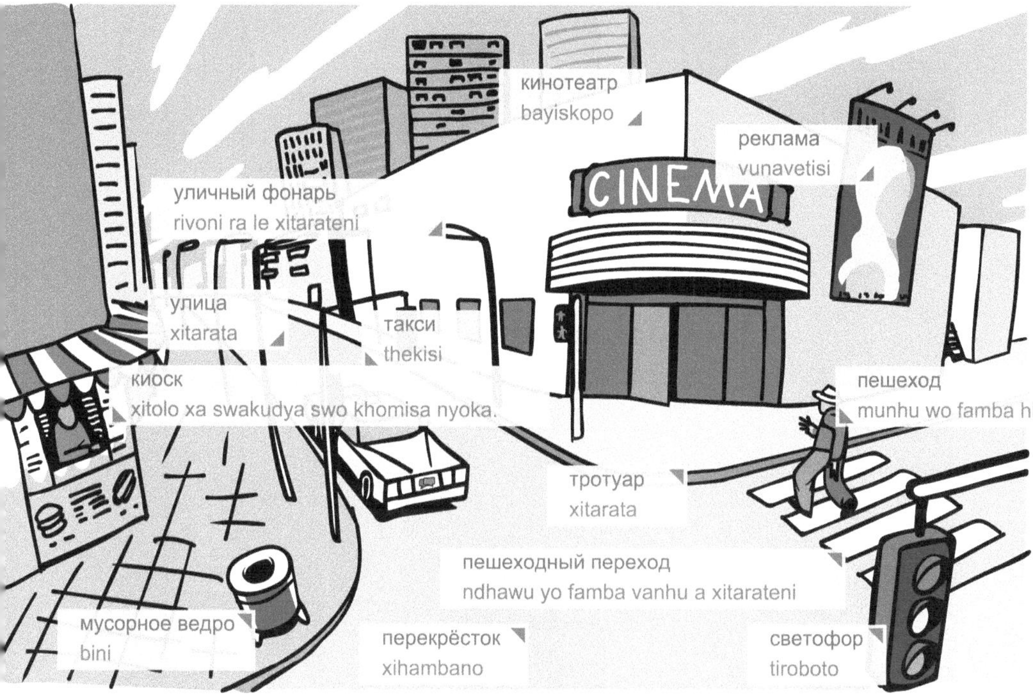

CINEMA
кинотеатр
bayiskopo
реклама
vunavetisi
уличный фонарь
rivoni ra le xitarateni
улица
xitarata
такси
thekisi
киоск
xitolo xa swakudya swo khomisa nyoka.
пешеход
munhu wo famba hi
тротуар
xitarata
пешеходный переход
ndhawu yo famba vanhu a xitarateni
мусорное ведро
bini
перекрёсток
xihambano
светофор
tiroboto

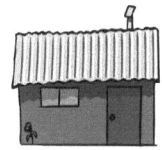

хижина

xiyindlwana xa byanyi

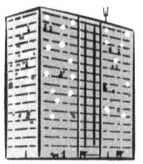

квартира

yindlu

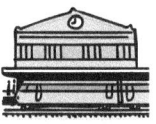

вокзал

xitichi xa xitimela

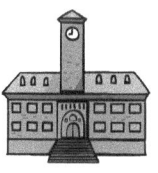

ратуша

holo ya vanhu

MUSEUM

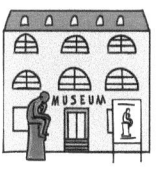

музей

muziyamu

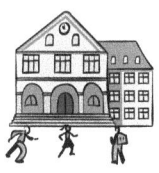

школа

xikolo

университет

univhesiti

банк

bangi

больница

xibedlhele

гостиница

hotele

аптека

xitolo xa miri

офис

hofisi

книжный магазин

xitolo xa tibuku

магазин

xitolo

цветочный магазин

xitolo xa swiluva

супермаркет

xitolo le xikulu swinene

рынок

makete

универмаг

xitolo le xikulu

торговец рыбой

xitolo xa tinhlampfi.

торговый центр

ndhawu ya switolo

порт

hlaluko

парк

phaka

скамейка

bence

мост

buloho

лестница

switepisi

метро

ehansi ka misava

тоннель

muhocho

автобусная остановка

xitichi xa tibanzi

бар

barha

ресторан

rhesiturente

почтовый ящик

bokisi ra poso

табличка с названием улицы

mfungho wa xitarata

паркометр

muchini wa mali ya ku phaka

зоопарк

ntanga wa swiharhi

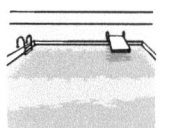

бассейн

damu ro xambela

мечеть

mosque

ферма
purasi

загрязнение окружающей среды
nthyakiso

кладбище
masirha

церковь
kereke

детская площадка
rivala ra mintlangu

храм
tempele

ландшафт
ndhawu

лист
tluka

дорожный указатель
mfungho wa gondzo

дорога
ndlela

луг
byanyi byo tala

камень
ribye

дерево
murhi

путешественник
munhu wo khandziya tintshava

река
nambu

трава
byanyi

цветок
xiluva

долина

nkova

гора

xitsunga

озеро

tiva

лес

khwati

пустыня

mananga

вулкан

volkheno

замок

ntsinda

радуга

nkwangulatilo

гриб

swikowa

пальма

murhi wa nchindzu

комар

nsuna

муха

haha

муравей

vusokoti

пчела

nyoxi

паук

puma

ландшафт - ndhawu

15

жук

xifufunhunu

лягушка

chele

белка

maxindyana

еж

nhloni

заяц

mfundla

сова

xikhova

птица

xinyenyane

лебедь

sekwa

кабан

ngluve ya nhova

олень

mhunti

лось

mhofu

плотина

damu

ветряной генератор

xipelupelu xa moya

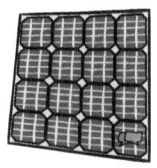

солнечная батарея

bodo leyi tswongaka kuhisa
ka dyambu

климат

maxelo

ресторан
rhesiturente

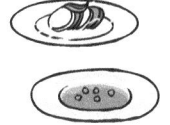

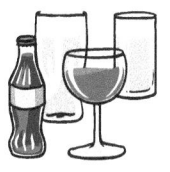

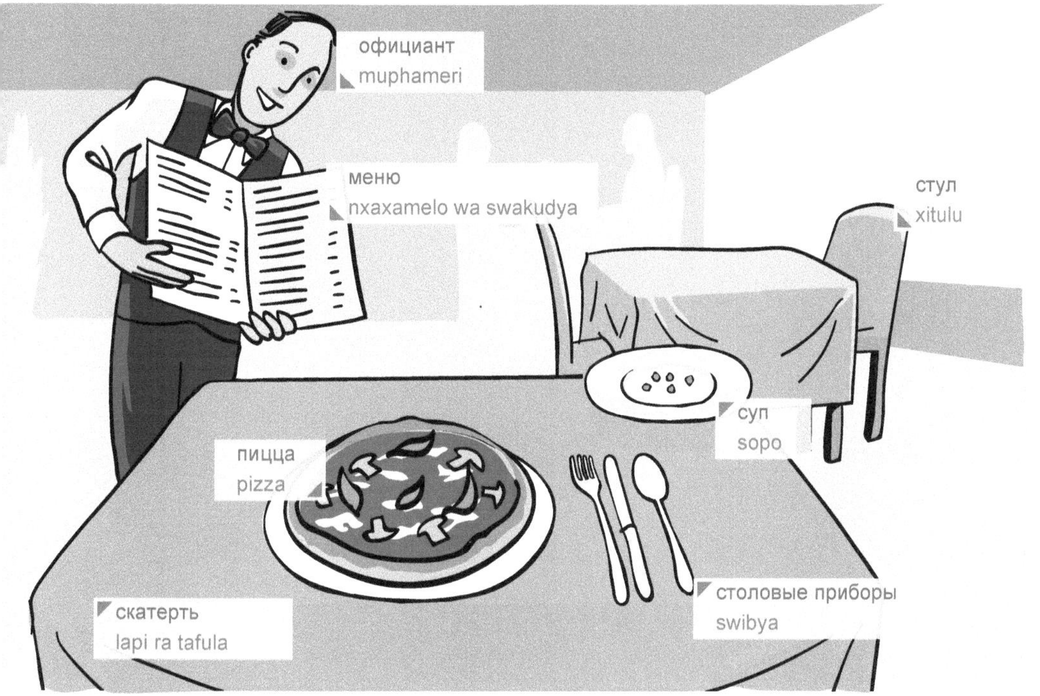
официант
muphameri
меню
nxaxamelo wa swakudya
стул
xitulu
суп
sopo
пицца
pizza
скатерть
lapi ra tafula
столовые приборы
swibya

закуска
swakudya swa ku naveta

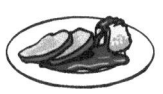

главное блюдо
swakudya

десерт
swo rhelerisa

напитки
swakunwa

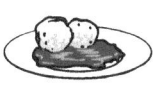

еда
swakudya

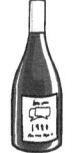

бутылка
bodlhela

фастфуд

swakudya swa xihatla

уличная еда

swakudya swa le ndleleni

чайник

mbita ya tiya

сахарница

xibye xa chukela

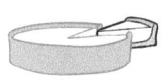

порция

xiphemu

кофеварка

muchini wa espresso

детский стульчик

xitulu xa le henhla

счет

swikweleti

поднос

thireyi

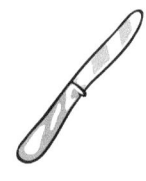

нож

mukwana

вилка

foroko

ложка

lepula

чайная ложка

xilepulana

салфетка

phepha ro sula nomu

стакан

nghilazi

ресторан - rhesiturente

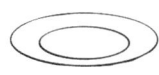

тарелка

pleti

суповая тарелка

pleti ya sopo

блюдце

sosara

соус

murhu

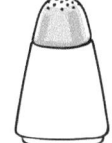

солонка

xilo xo chele munyu

мельница для перца

xilo xo gaya

уксус

vhiniga

масло

mafurha

специи

swinyunyeteri

кетчуп

ketchup

горчица

mustard

майонез

mayonasi

супермаркет
xitolo le xikulu swinene

специальное предложение
nyiko yo hlawuleka
FOR
покупатель
muxavi
молочные продукты
ntsamba
фрукты
mihandzu
тележка для покупок
xikocikara

BUTCHERS

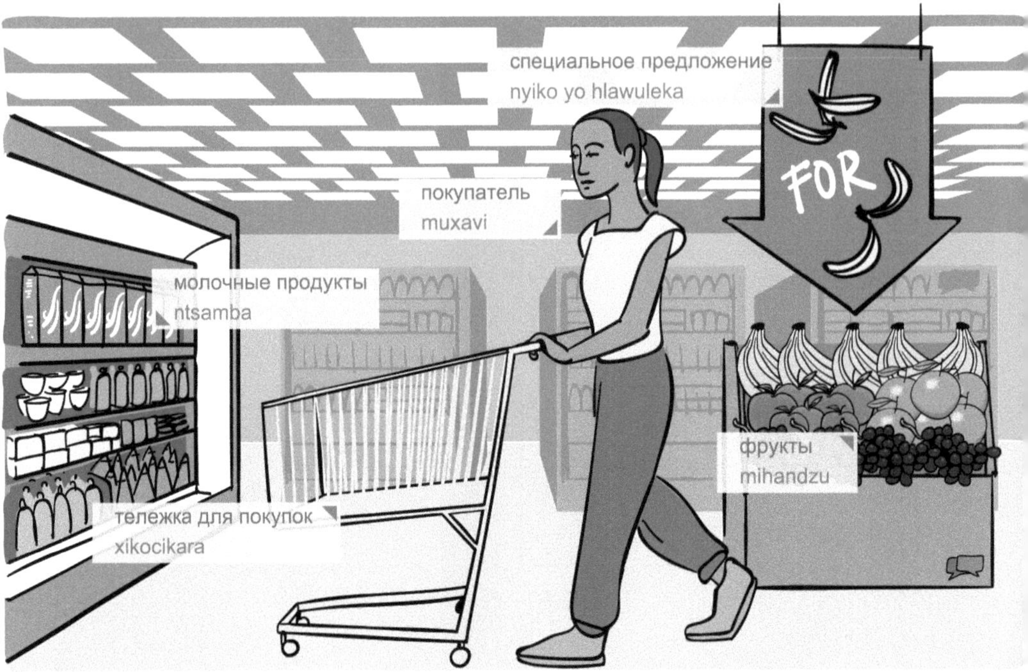

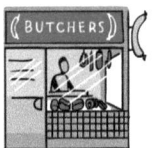

мясной магазин

buchara

BAKERY

пекарня

bekari

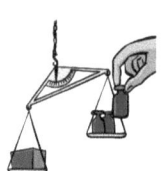

взвешивать

ringanyeta

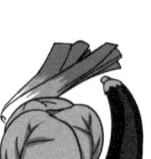

овощи

swimila

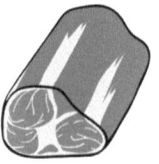

мясо

nyama

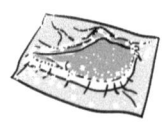

быстрозамороженные продукты

swakudya swo titimela

нарезка

nyama

консервы

swakudya leswi nga thinini

стиральный порошок

mapa yo hlanswa

сладости

malekere

предмет домашнего
обихода

switirhisiwa swa le ndlwini

моющее средство

swilo swo basisa

продавщица

munhu wo xavisa

касса

thili

кассир

muamukeli wa timali

список покупок

nxaxamelo wa swo xaviwa

время работы

nkarhi wa ku tirha

бумажник

nkwama wa mali

кредитная карточка

khadi ra xikweleti

сумка

nkwama

полиэтиленовый пакет

nkwama wa pulasitiki

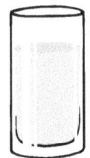

вода

mati

сок

ntsutsu

молоко

meleke

кока-кола

coke

вино

vhinyo

пиво

byalwa

алкоголь

byala

какао

cocoa

чай

tiya

кофе

kofi

эспрессо

espresso

капучино

cappuccino

банан

banana

яблоко

apula

апельсин

lamula

арбуз

kalabatla

лимон

swiri

морковь

kherotsi

чеснок

swinyalana

бамбук

musengele

лук

nyala

гриб

swikowa

орехи

timanga

лапша

makaroni ya nyama

спагетти

spaghetti

рис

rhayisi

салат

saladi

картофель фри

machipisi

жареный картофель

nhlata wo katingiwa

пицца

pizza

гамбургер

hamburger

сэндвич

xinkwa

шницель

cutlet

ветчина

ham

салями

salami

колбаса

soseji

курица

huku

жаркое

katinga

рыба

hlampfi

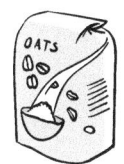

овсяные хлопья

oats

мюсли

muesli

кукурузные хлопья

rivele-ndzoho

мука

filawa

круассан

bantsi

булочка

xinkwa

хлеб

xinkwa

тост

xinkwa xo oxiwa

печенье

makokisi

масло

botere

творог

ribomba ra tswamba

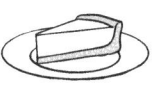

пирог

khekhe

яйцо

tandza

яичница

matandza lama katingiweke

сыр

chizi

мороженое

ayisi khrimi

сахар

chukela

мёд

vulombe

мармелад

jamu

крем с нугой

botere ya chokoleti

карри

curry

ферма
purasi

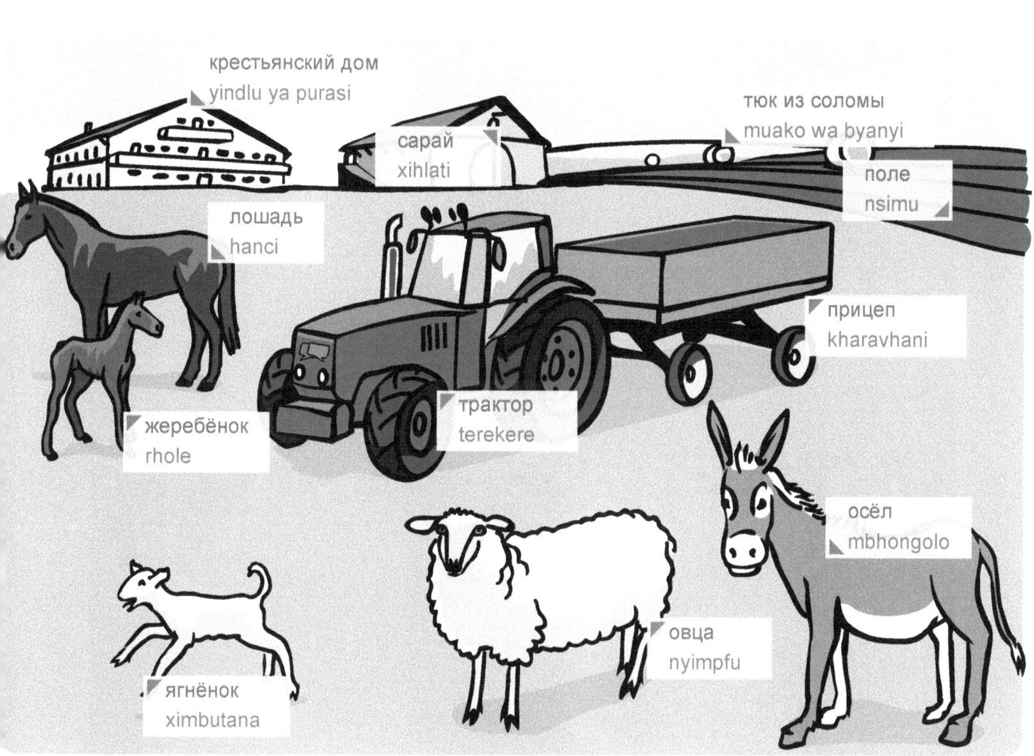
крестьянский дом
yindlu ya purasi
сарай
xihlati
тюк из соломы
muako wa byanyi
поле
nsimu
лошадь
hanci
прицеп
kharavhani
трактор
terekere
жеребёнок
rhole
осёл
mbhongolo
овца
nyimpfu
ягнёнок
ximbutana

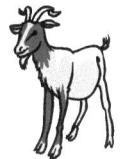

коза
mhunti

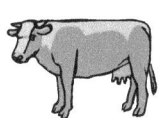

корова
homu

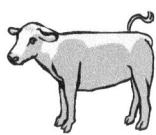

телёнок
rhole

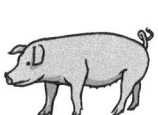

свинья
nguluve

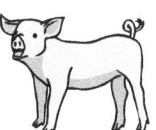

поросёнок
xingulubyana

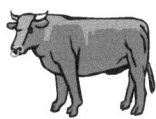

бык
nkuzi

гусь

sekwa

утка

sweka

цыплёнок

xikukwana

курица

mbhaha

петух

nkuku

крыса

kondlo

кошка

ximanga

мышь

kondlo

вол

homu

собака

mbyana

конура

yindlu ya mbyana

садовый шланг

payipi ya mati

лейка

xilo xo chelela mati

коса

nsimbi yo tsema

плуг

xikomu

серп

sikele

мотыга

xikomu

навозные вилы

foroko le yikulu

топор

xihloka

тачка

bara

корыто

xitsengele

бидон для молока

xilo xo chela ntswamba

мешок

saka

забор

rirhangu

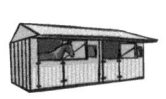

хлев

xivala

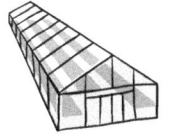

теплица

yindlu ya vuhlayiselo bya swimilana

почва

misava

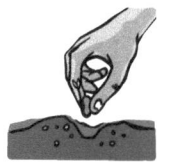

посев

mbewu

удобрение

swinonisi

комбайн

muchini wa ku tshovela

собирать урожай

tshovela

урожай

ntshovelo

ямс

mintsumbula

пшеница

koroni

соя

tinyawa

картофель

nhlata

кукуруза

koroni

рапс

rapeseed

фруктовое дерево

nsinya wa mihandzu

маниок

ntsumbula

злаки

swakudya swa tidzoho

дом
yindlu

дымоход
chimele
крыша
lwangu
водосточный желоб
phayiphi yo fambisa chaka
окно
fasitere
гараж
garaji
звонок
bele yale rivantini
дверь
rivanti
мусорное ведро
thini rochela malakatsa
почтовый ящик
bokisi ra mapapila
сад
nsimu

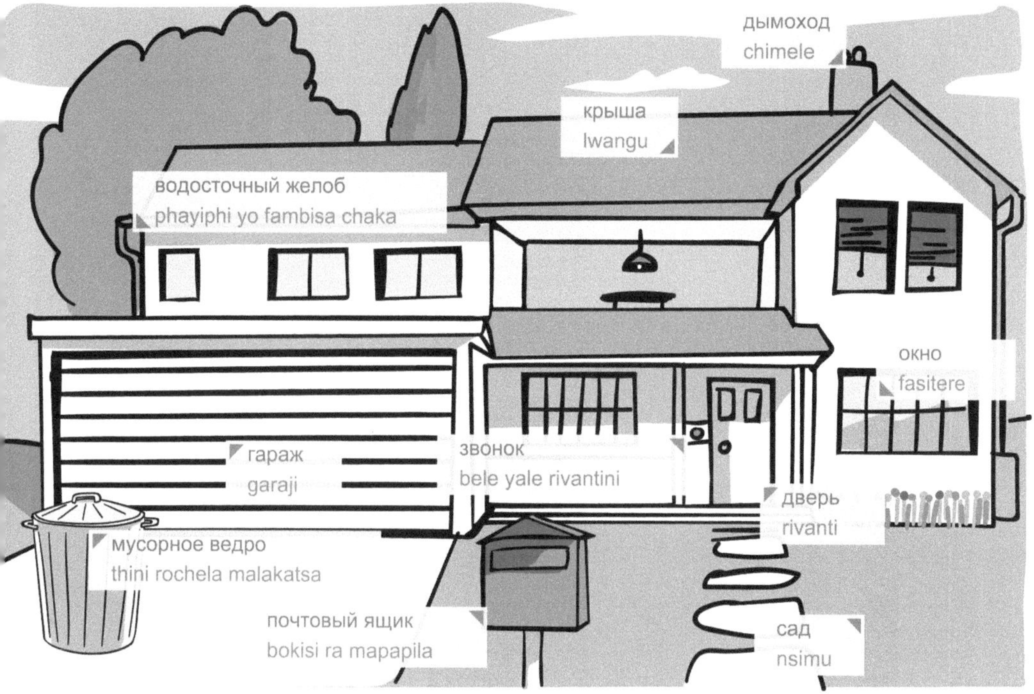

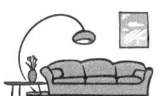

гостиная

kamara ro tshama

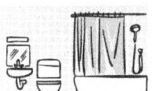

ванная комната

kamara yo hlambela

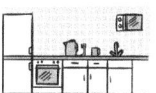

кухня

khishini

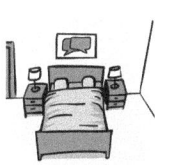

спальня

kamera ro etlela

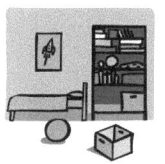

детская комната

kamana ya vana

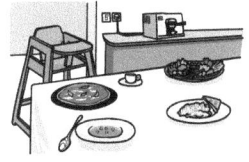

столовая

ndhawu yo dyela

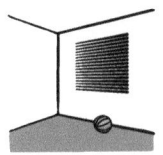

пол

ehansi

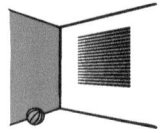

стена

khumbi

потолок

silingi

подвал

kamera ra le hansi

сауна

phungula

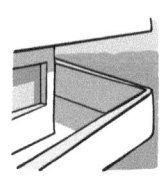

балкон

rikupakupa

терраса

tshala

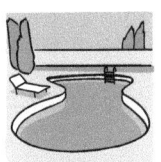

бассейн

damu

газонокосилка

muchini wo tsema byanyi

пододеяльник

nkumba

покрывало

swo andlalela mubedo

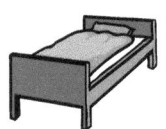

кровать

mubedo

метла

nkukulu

ведро

bakiti

выключатель

swichi

гостиная

kamara ro tshama

обои
phepha ra le khumbini
рисунок
xifaniso
лампа
rivoni
полка
xelufu
шкаф
khabodo
телевизор
thelevhixini
камин
xitiko
цветок
xiluva
подушка
xikhengele
диван
sofa
ваза
mbita
пульт дистанционного управления
xilawula-kule

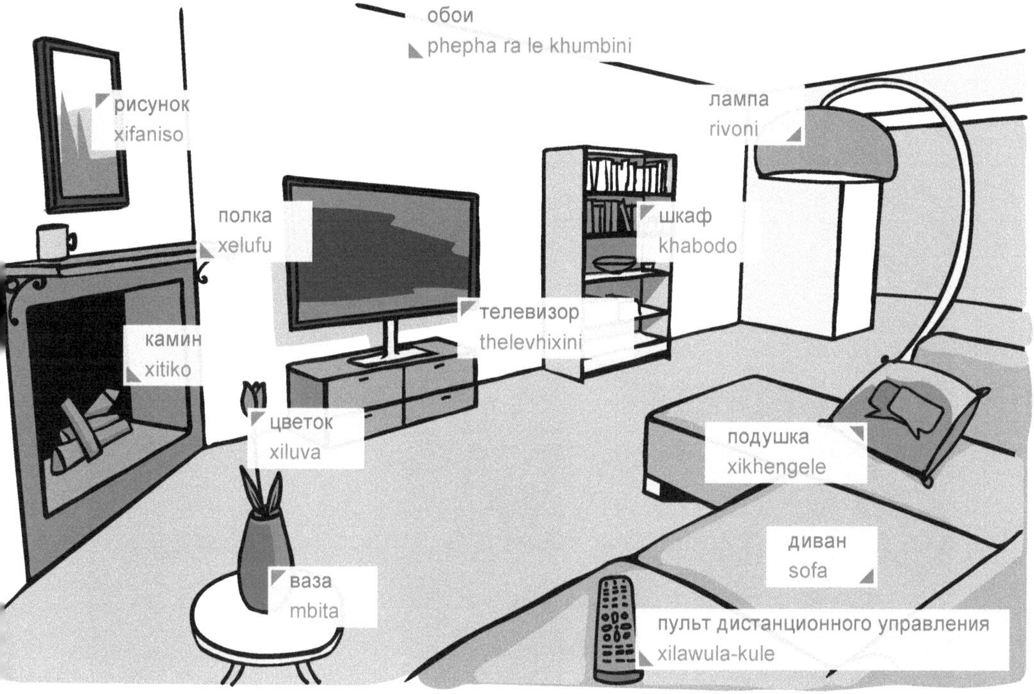

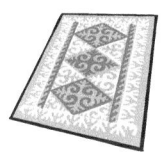

ковёр

khapete

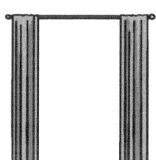

штора

khethenisi

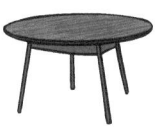

стол

tafula

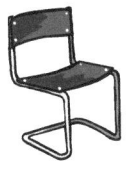

стул

xitulu

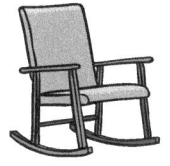

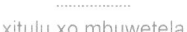

кресло-качалка

xitulu xo mbuwetela

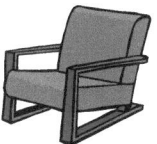

кресло

xitulu xo tlhandleka mavoko

книга

buku

покрывало

nkumba

украшение

nkhaviso

дрова

tihunyi

фильм

filimi

стереосистема

muchini wa hi-fi

ключ

xinotlelo

газета

phepha-hungu

картина

xifaniso lexi vatliweke

плакат

bodo ya xifaniso

радио

xiya-ni-moya

блокнот

buku yo tsala tinhla

пылесос

hoover

кактус

xiluva xa cactus

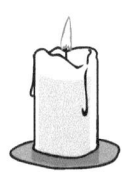

свеча

khandlela

кухня
khishini

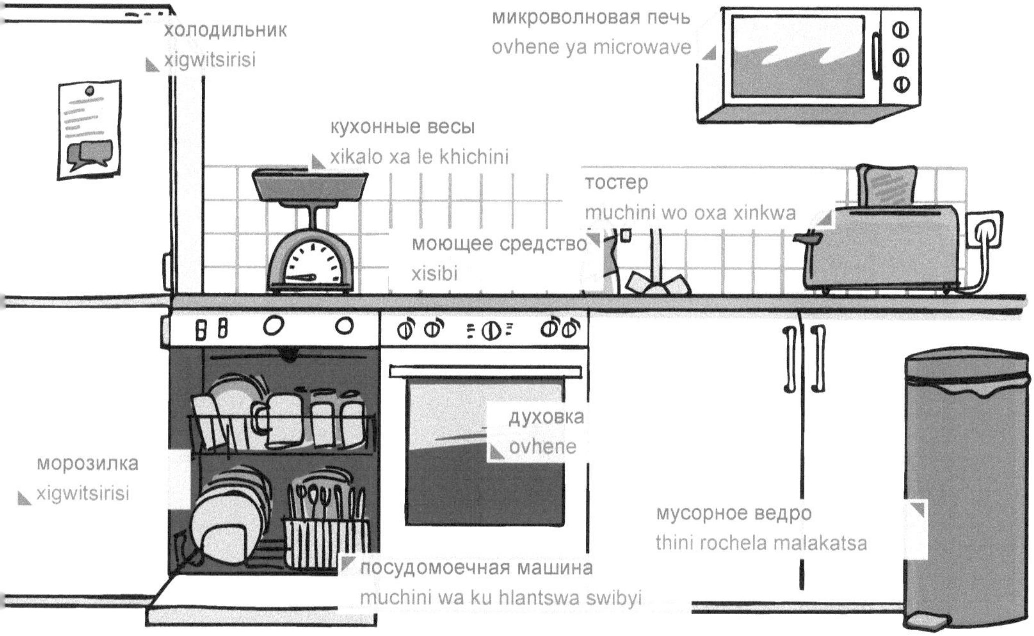
холодильник
xigwitsirisi
микроволновая печь
ovhene ya microwave
кухонные весы
xikalo xa le khichini
тостер
muchini wo oxa xinkwa
моющее средство
xisibi
духовка
ovhene
морозилка
xigwitsirisi
мусорное ведро
thini rochela malakatsa
посудомоечная машина
muchini wa ku hlantswa swibyi

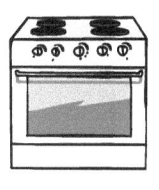

плита
mosweki

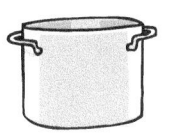

кастрюля
poto

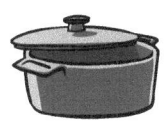

чугунный котелок
poto ra nsimbi

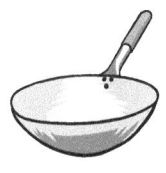

вок / кадай
mbita yo swekela / kadai

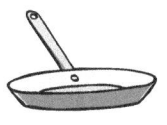

сковорода
pani

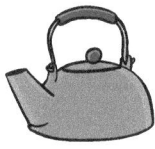

чайник
ketlele

пароварка

xo sweka hi nkahelo

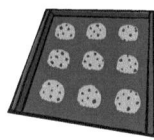

противень

thireyi ya ku baka

посуда

swibya

кружка

xikomichana

миска

ximbitana

палочки для еды

ti-chopstick

половник

xipunu

лопатка

spatula

сбивалка

muchini wo hlanganisa

сито

sefo

сито

xisefo

тёрка

xilo xo tsemelela

ступка

xibye

гриль

nyama yo oshiwa

костёр

ndzilo

доска

bodo ya ku tsemelela

скалка

mhandzi yo andlala fulawa

штопор

xo pfula mabodlhela

жестяная банка

thini

консервный нож

xo pfula mathini

прихватка

xo khoma poto

раковина

zinki

щетка

buracha

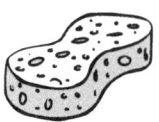

губка

xiponci

миксер

xilo lexi hlanganiselaka

морозильная камера

xigwitsirisi

бутылочка для кормления

bodlhela ra n'wana

кран

pompi

ванная комната
kamara yo hlambela

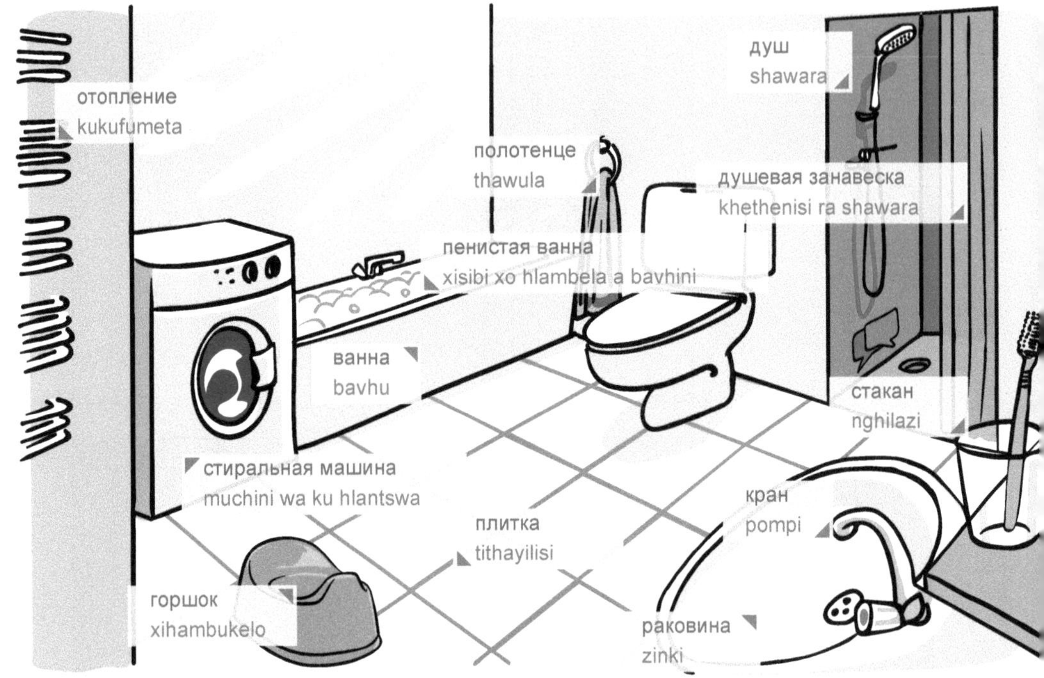

душ
shawara

отопление
kukufumeta

полотенце
thawula

душевая занавеска
khethenisi ra shawara

пенистая ванна
xisibi xo hlambela a bavhini

ванна
bavhu

стакан
nghilazi

стиральная машина
muchini wa ku hlantswa

плитка
tithayilisi

кран
pompi

горшок
xihambukelo

раковина
zinki

туалет
xihambukelo

напольный унитаз
xihambukelo

биде
bidet

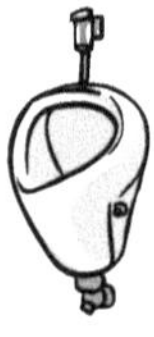

писсуар
ndhawu yo tsakamisela

туалетная бумага
papila ra xihambukelo

ершик
burachi bya xihambukelo

зубная щетка

burachi bya meno

зубная паста

xisibi xa meno

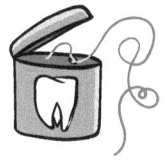

зубная нить

xo basisa exikarhi ka meno

мыть

hlamba

ручной душ

xawara yo khomiwa hivoko

интимный душ

douche

таз

xihlambelo

щетка для спины

buracha ra nhlana

мыло

xisibi

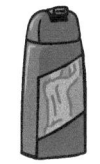

гель для душа

xisibi xa xawara

шампунь

shampoo

мочалка

swilapana

сток

xinambyana

крем

rivomba

дезодорант

xinhuherisi

зеркало

xivoni

ручное зеркало

xivoni xo khomiwa hivoko

бритва

rikarhi

пена для бритья

xisibi so susa malevu

лосьон после бритья

mafurha ya kutola loku u heta ku tsemeta malevu

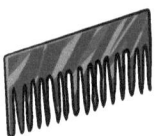

расческа

kama

щетка

buracha

фен

muchini wo omisa mosisi

лак для волос

mafurha yo tola mosisi

косметика

xo tisasekisa

губная помада

xotota nomo

лак для ногтей

xo tota minwala

вата

kotoni

маникюрные ножницы

xo tsema minwala

духи

xinhuherisi

косметичка

nkwama wa le
xihambukelweni

табуретка

nchuluko

весы

xikalo

халат

nguvu yo hlamba

резиновые перчатки

tiglovhu ta raba

тампон

tampon

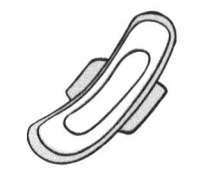

гигиеническая прокладка

thawula ra ku basisa

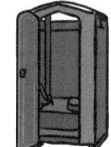

биотуалет

xihambukelo xa le handle

детская комната

kamana ya vana

будильник
alamu ya wachi
мягкая игрушка
xo tlanga sa ku etlela
игрушечный автомобиль
movha ya ku tlangisa
погремушка
xokocokoco
кукольный домик
yindlu ya swipopana
подарок
nyiko

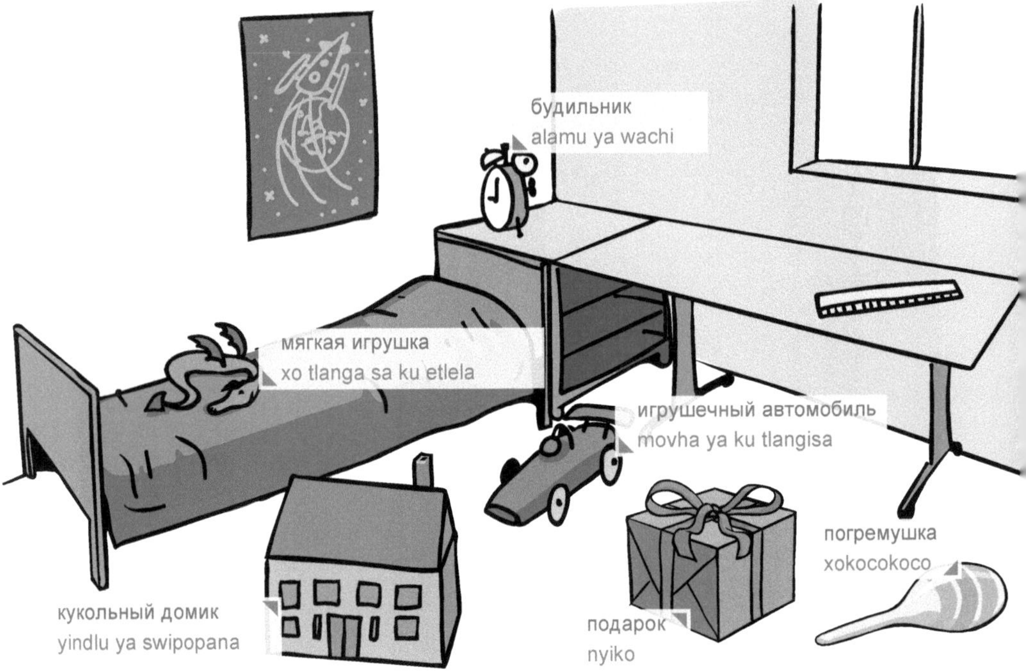

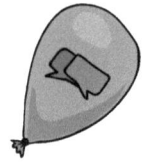

воздушный шар

baluni

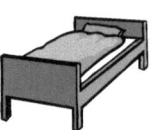

кровать

mubedo

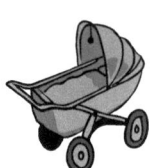

детская коляска

pureme

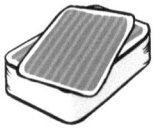

карточная игра

makhadi

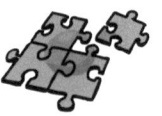

пазл

jigsaw

комикс

khomiki

кирпичики Лего

switina swa lego

кубики

swiaki

игрушечная фигурка

xo tlanga xa vana

ползунки

swiambalo swa nwana

фрисби

Frisbee

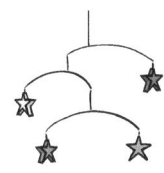

мобиле

mobile

настольная игра

ntlango wa le bodweni

кубик

dayisi

модель железной дороги

xitimela xo tlanga

соска

xo tlangisa vana

вечеринка

nkhuvo

книга с картинками

buku ya swifaniso

мяч

bolo

кукла

xipopana

играть

tlanga

песочница

khele ra sava

качели

muchinginya

игрушка

swilo swo tlangisa

игровая приставка

mintlango ya vhidiyo

трёхколесный велосипед

xithuthuthu xa mivhilwa manharhu

плюшевый медвежонок

tibere to tlangisa

шкаф для одежды

wadirobo

одежда

swiambalo

носки

masokisi

чулки

masokisi

колготки

buruku byo tlimba

шарф
xikhafu

ремень
bandhi

зонтик
ambulele

футболка
xikipa

сапоги
tintangu

тапки
maphashana

кроссовки
tintangu to tsutsuma

сандалии

maphashana

ботинки

tintangu

резиновые сапоги

majombo ya raba

трусы

maburuko ya le ndzeni

бюстгальтер

bodi

майка

xikipa xa le ndzeni

боди
miri

брюки
maburuko

джинсы
bokati

юбка
xiketi

блузка
bulawusi

рубашка
hembe

свитер
jesi

свитер
jazi ro fingeneta nhloko

спортивная куртка
buleyizara

жакет
baji

пальто
nghuvo

плащ
jazi rampfula

костюм
swiambalo

платье
swiambalo

свадебное платье
rhoko ya mucato

мужской костюм
sudu

ночная сорочка
xiambalo xo etlela

пижама
swi ambalo swo etlela

сари
sari

платок
xikhafu

тюрбан
duku

паранджа
burqa

кафтан
swi ambalo

абайя
abaya

купальник
swiambalo swo hlambela

плавки
maburuko ya le ndzeni

шорты
buruku ro koma

спортивный костюм
tracksuit

фартук
fasikoti

перчатки
maglilavhu

пуговица

kunupu

очки

manghilazi ya mahlo

браслет

sindza

цепочка

vuhlalu

кольцо

xingwaxila

серьга

vo sasekisa tindleve

шапка

kepisi

вешалка

hangara ya nghuvo

шляпа

xigqoko

галстук

thayi

застежка молния

zipi

шлем

xihuku

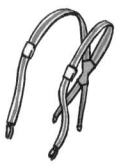

подтяжки

minxongotelo

школьная форма

swiambalo swa xikolo

форма

yunifomo

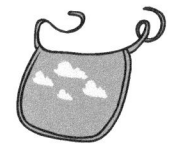

детский нагрудник

bibi

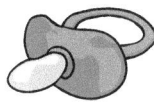

соска

xo tlangisa vana

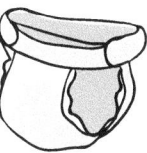

подгузник

leyiri

офис

hofisi

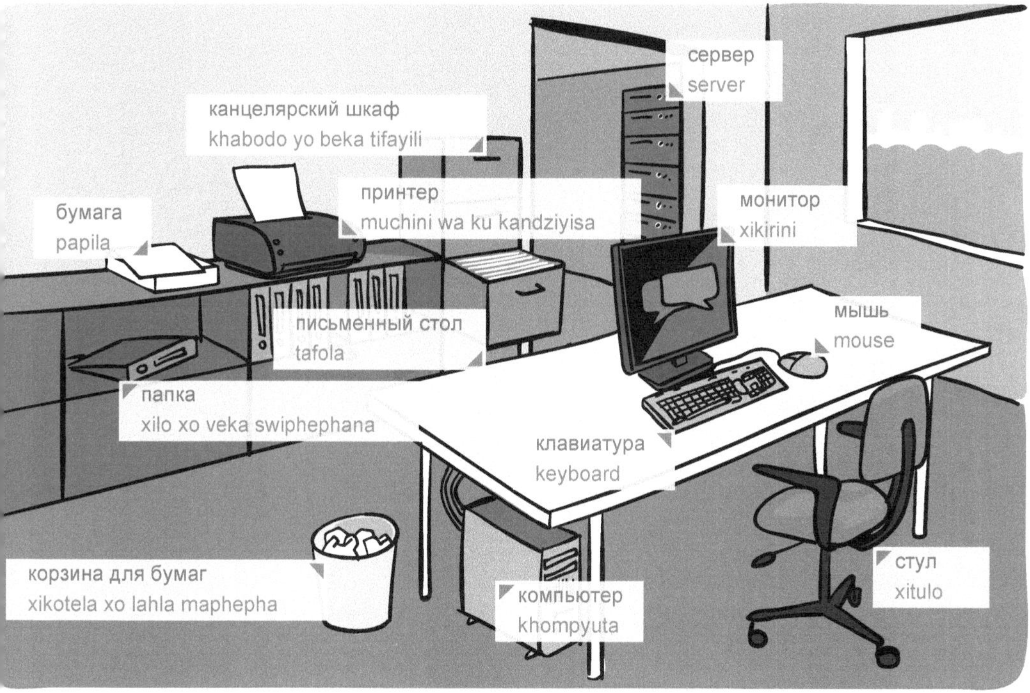

сервер
server
канцелярский шкаф
khabodo yo beka tifayili
бумага
papila
принтер
muchini wa ku kandziyisa
монитор
xikirini
мышь
mouse
письменный стол
tafola
папка
xilo xo veka swiphephana
клавиатура
keyboard
корзина для бумаг
xikotela xo lahla maphepha
компьютер
khompyuta
стул
xitulo

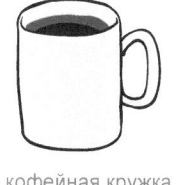

кофейная кружка

bikiri ra kofi

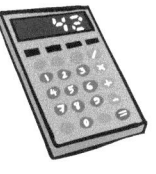

калькулятор

muchini wo hlaya

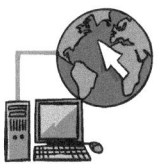

интернет

internet

ноутбук

laptop

письмо

papila

сообщение

rungula

мобильный телефон

foni

сеть

network

ксерокс

muchini wo endla tikopi

программа

progreme ya khompyuta

телефон

riqingho

розетка

pulagi ya gezi

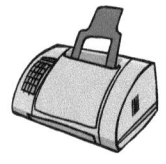

факс

muchini wo rhumela rungula

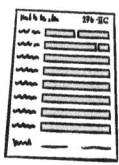

формуляр

fomo

документ

papila

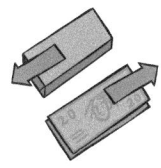

покупать
....
xava

платить
....
hakela

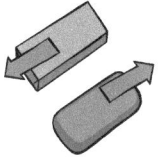

торговать
....
xavisa

деньги
....
mali

USD

доллар
....
dolara

EUR

евро
....
euro

JPY

иена
....
yen

RUB

рубль
....
rouble

CHF

франк
....
Swiss franc

CNY

жэньминьби юань
....
renminb yuan

INR

рупия
....
rupee

банкомат
....
muchini wa mali

пункт обмена валюты

ndhawu yo cinca mali

золото

nsuku

серебро

silivhere

нефть

mafurha

энергия

matimba

цена

hakelo

договор

ntwanano

налог

xibalo

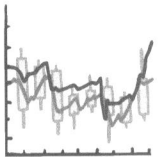

акция

nundzu ya timali

работать

tirha

служащий

mutirhi

работодатель

mothorhi

фабрика

fektri

магазин

xitolo

профессии
mintirho

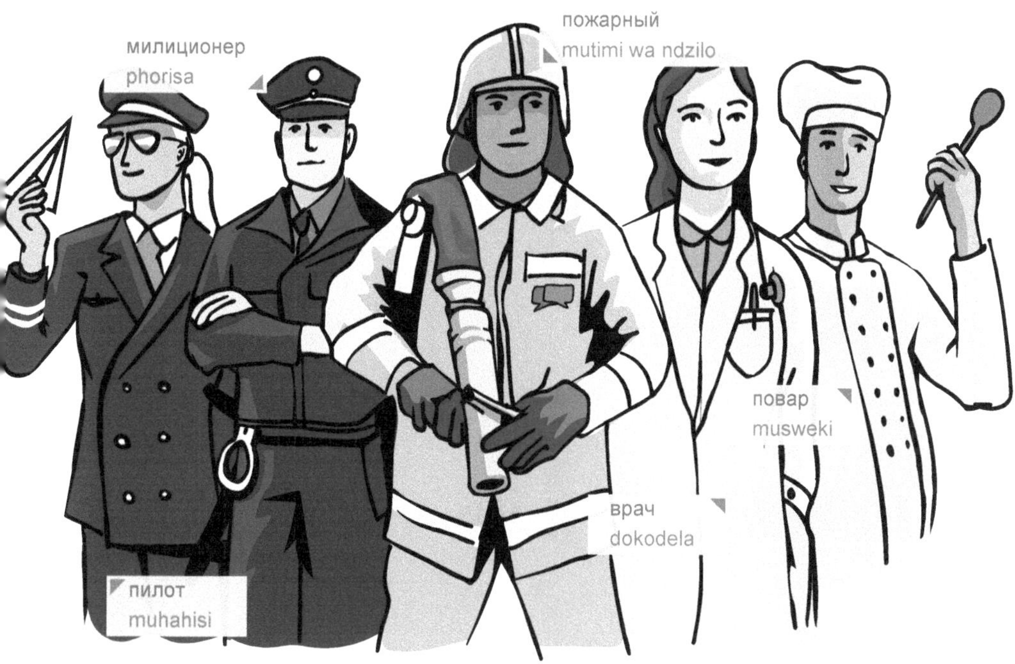
пожарный
mutimi wa ndzilo
милиционер
phorisa
повар
musweki
врач
dokodela
пилот
muhahisi

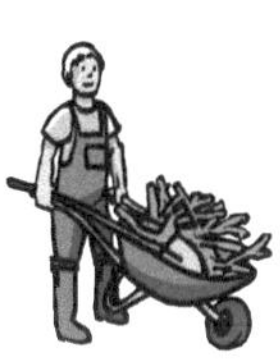

садовник

muhlayi wa ntanga

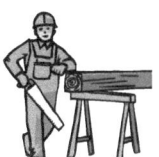

столяр

muvatli

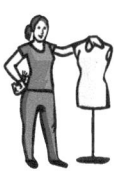

швея

murungi

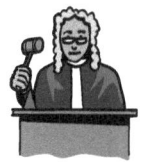

судья

muavanyisi

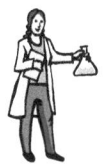

химик

xitshunguri

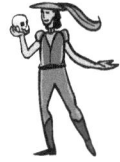

актёр

mutlangi

водитель автобуса

muchaeri wa tibazi

таксист

muchayeri wa thekisi

рыбак

muphasi wa tinhlampfi

уборщица

wansati wa ku basisa

кровельщик

mufuleri

официант

muphameri

охотник

muhloti

художник

mupendi

пекарь

mubaki

электрик

mutivi wagezi

строитель

muaki

инженер

munjiniyara

мясник

muxavisi wa nyama

сантехник

muplambara

почтальон

muheleketi wa poso

солдат

socha

архитектор

mumpfampfarhuti

кассир

muamukeli wa timali

флорист

muxavisi wa swiluva

парикмахер

mululamisi wa misisi

кондуктор

mufambisi

механик

munhu wo lungisa timovha

капитан

mulawuri

зубной врач

dokotela wa matinho

ученый

mutivi wa sayensi

раввин

mufundisi

имам

murhangeri

монах

nghwendza

священник

mfundisi

инструменты
switirhisiwa

плоскогубцы
tangi
молоток
hamele
отвёртка
xikurudurayivha
карманный фон
thochi
гаечный ключ
xipanere

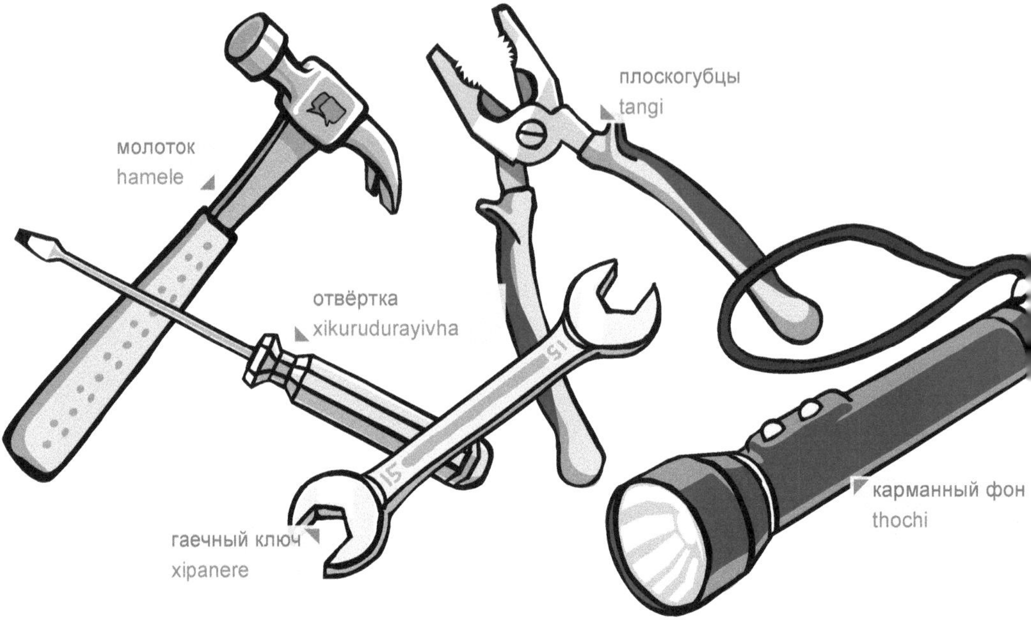

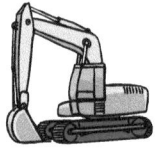

экскаватор

muchini wo cela

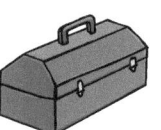

ящик для инструментов

bokisi ra switirhisiwa

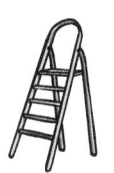

стремянка

xitepisi

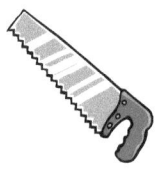

пила

saha

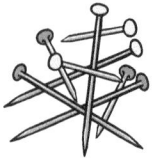

гвозди

swipikiri

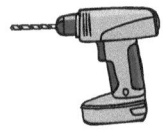

дрель

muchini wo boxa

ремонтировать

lunghisa

лопата

foxolo

Блин!

Thyaka!

совок

nchumu wo susa ritshuri

ведро с краской

mbita ya pende

винты

bawuti

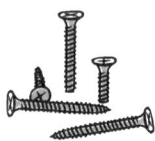

музыкальные инструменты
swichayachayana

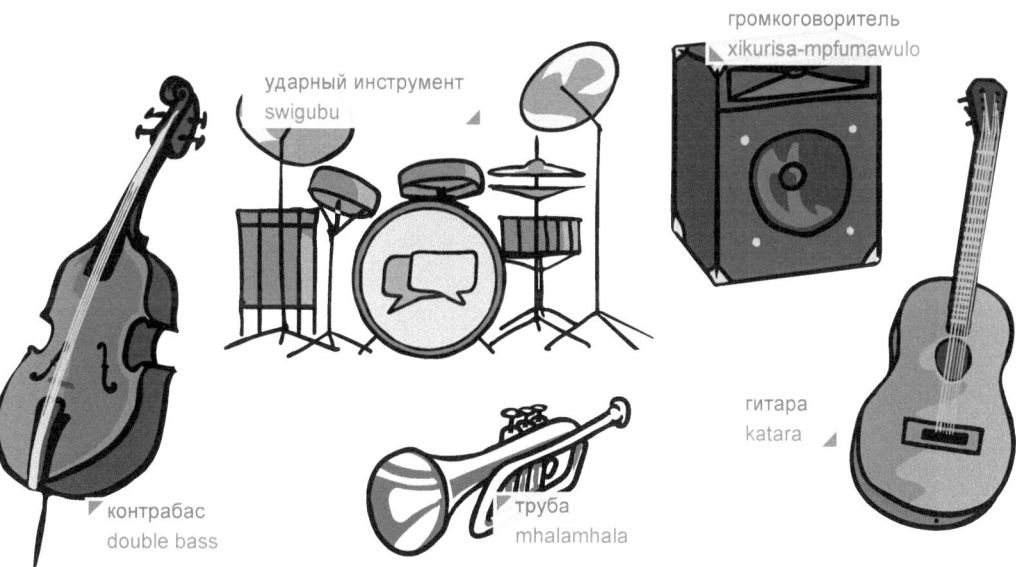

громкоговоритель
xikurisa-mpfumawulo

ударный инструмент
swigubu

гитара
katara

контрабас
double bass

труба
mhalamhala

пианино

piyano

скрипка

violin

бас-гитара

bass

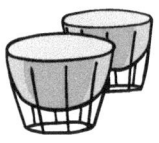

литавры

timpani

барабан

xigubu

синтезатор

keyboard

саксофон

saxophone

флейта

xitiringo

микрофон

xikurisa-marito

зоопарк

ntanga wa swiharhi

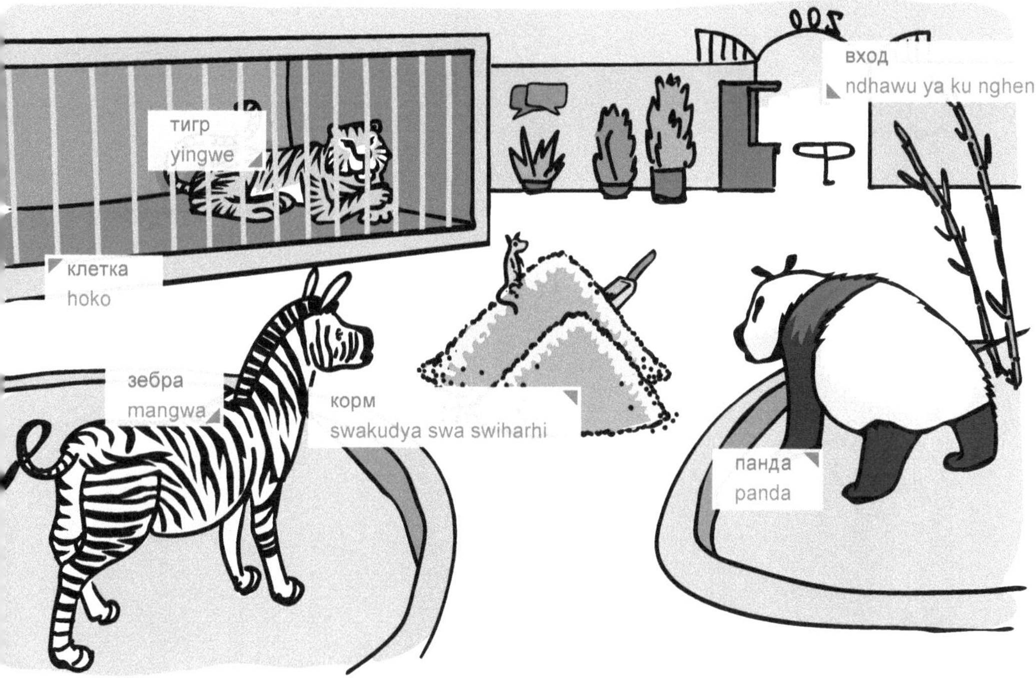

тигр
yingwe
вход
ndhawu ya ku nghena
клетка
hoko
зебра
mangwa
корм
swakudya swa swiharhi
панда
panda

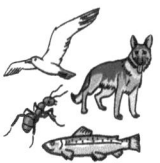

животные

swiharhi

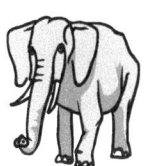

слон

ndlopfu

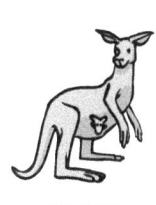

кенгуру

xinjhenghwe

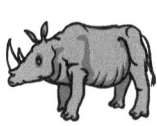

носорог

mhelembe

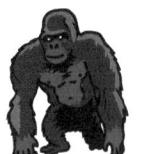

горилла

gorila

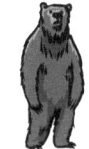

медведь

bere

верблюд

kamela

страус

yintsha

лев

nghala

обезьяна

nkawu

фламинго

flamingo

попугай

hokwe

белый медведь

bere

пингвин

penguin

акула

shaka

павлин

hanti

змея

nyoka

крокодил

ngwenya

служитель зоопарка

muhlayisi wa mintanga ya
swiharhi

тюлень

seal

ягуар

jaguar

пони

hanci

леопард

yingwe

бегемот

mpfuvu

жираф

nhutlwa

орёл

gama

кабан

ngluve ya nhova

рыба

hlampfi

черепаха

mfutsu

морж

nyimpfu ya le lwandle

лиса

mhungubye

газель

mhala

американский футбол
bolo ya le Amerika

езда на велосипеде
kufamba hi xi kanyakanya

теннис
tennis

баскетбол
basketball

плавание
kuhlambela

бокс
ntlango wa ku bana

хоккей
khororo ya le ayisini

футбол
bolo

бадминтон
badminton

лёгкая атлетика
mintlango

гандбол
bolo ya mavoko

лыжный спорт
kureta e gambokweni

поло
polo

действия
mintirho

прыгать
tlula
обнимать
angara
смеяться
hleka
идти
famba
петь
yimbelela
мечтать
lora
молиться
khongela
целовать
ntswontswa

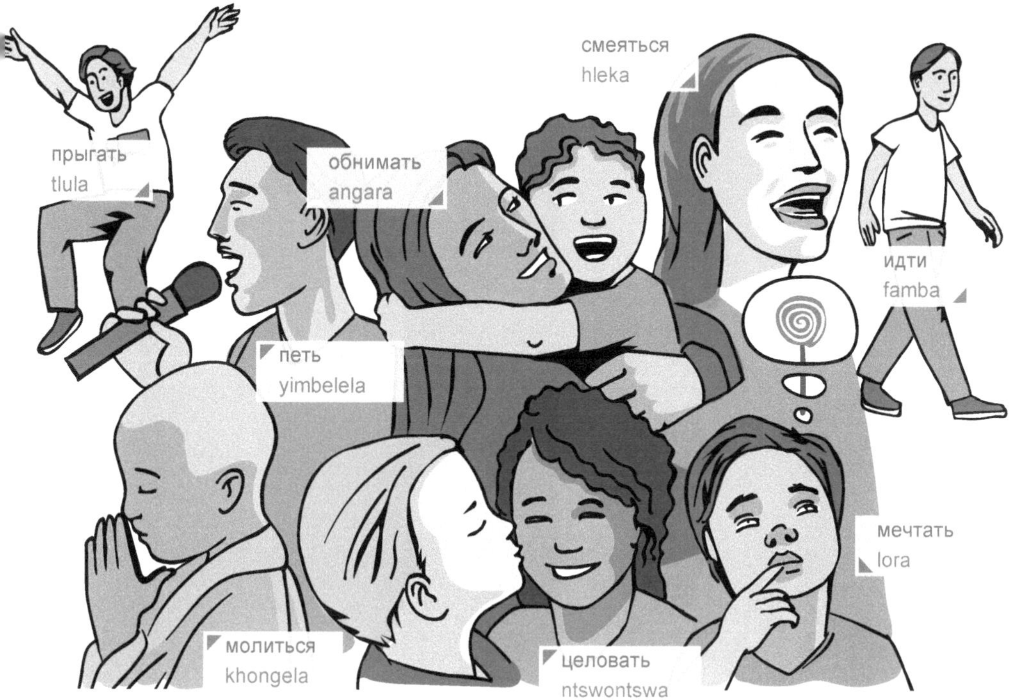

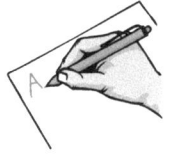

писать
tsala

рисовать
dirowa

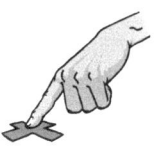

показывать
komba

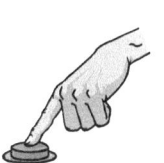

нажимать
dlidlimeta

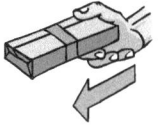

давать
nyika

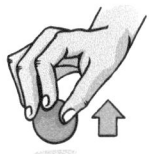

брать
teka

иметь

yi va

делать

endla

быть

ku va

стоять

yima

бежать

tsutsuma

тянуть

koka

бросать

lahlela

падать

wana

лежать

hemba

ждать

rindza

носить

rhwala

сидеть

tshama

надевать

ambala

спать

tlela

просыпаться

pfuka

рассматривать

languta

плакать

rila

гладить

bana

причесывать

kama

говорить

vulavula

понимать

twisisa

спрашивать

vutisa

слушать

yingisa

пить

nwana

кушать

dyana

наводить порядок

basisa

любить

randza

готовить

sweka

ехать

chayela

летать

haha

ходить под парусом

tluta

считать

hlaya

читать

hlaya

учиться

hlaya

работать

tirha

вступать в брак

teka

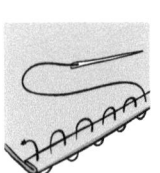

шить

rhunga

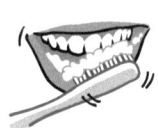

чистить зубы

kuhlamba meno

убивать

dlaya

курить

dzaha

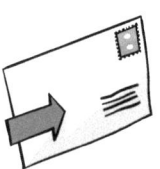

отправлять

rhumela

...ушка
...vana wa xisati

дедушка
kokwana wa xinuna

папа
tatana

мама
mana

младенец
nwana

дочь
n'wana wa nwanyana

сын
n'wana wa mfana

гость

muendzi

тетя

hahani

дядя

malume

брат

makwerhu

сестра

makwrhu

Русский	miri
лоб	mombo
глаз	tihlo
плечо	katla
палец	ritiho
лицо	xikandza
подбородок	xilebvu
кисть	voko
грудь	bele
нога	nenge
рука	voko

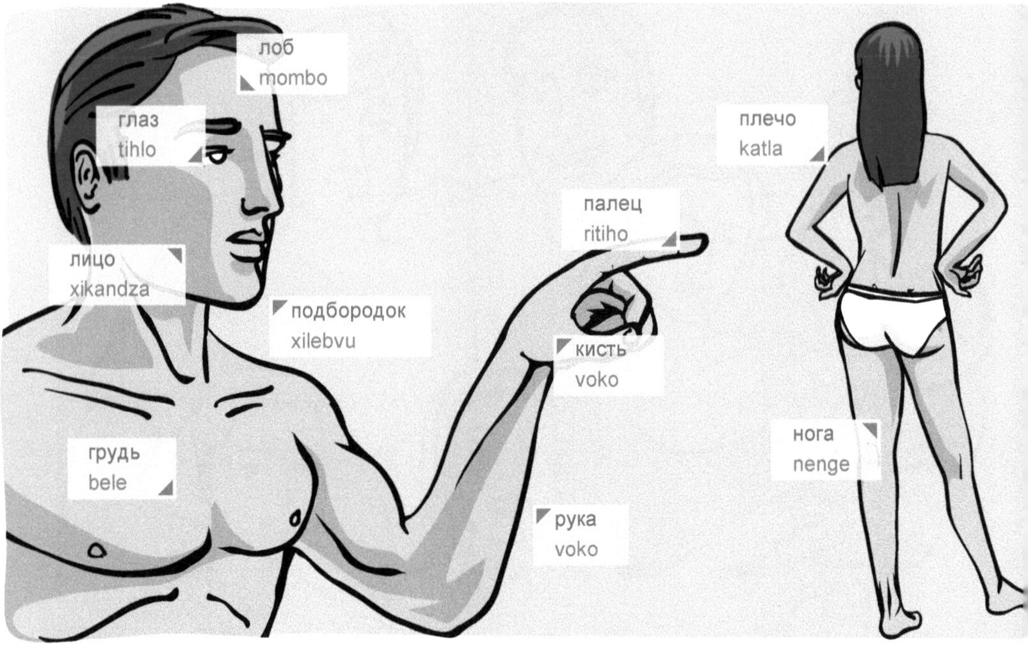

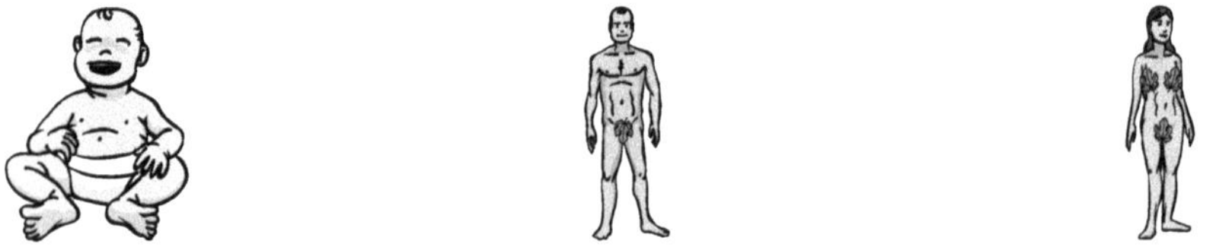

младенец

nwana

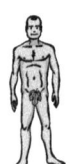

мужчина

n'wanuna

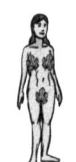

женщина

nw'ansati

девочка

nhwanyana

мальчик

mfana

голова

nhloko

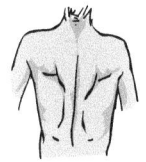

спина

nhlana

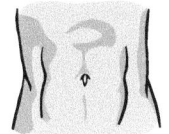

живот

khwiri

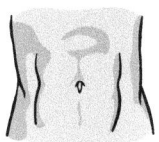

пупок

nkava

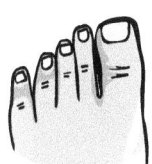

палец ноги

xikunwani

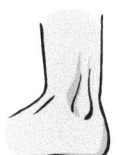

пятка

xirhenze

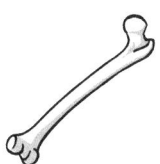

кость

rhambu

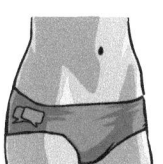

бедро

nyonga

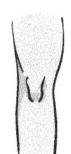

колено

tsolo

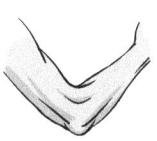

локоть

xikokola

нос

nompfu

ягодицы

xisuti

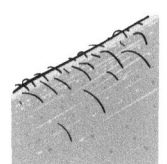

кожа

nhlonge

щека

rhama

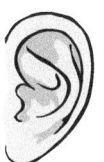

ухо

ndlebe

губа

nomu

рот

nomu

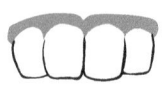

зуб

tinyo

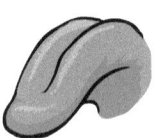

язык

ririmi

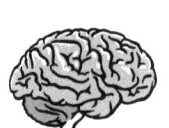

мозг

byongo

сердце

mbilu

мышца

nsiha

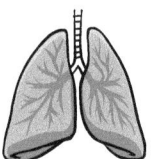

лёгкое

hahu

печень

vixindzi

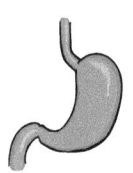

желудок

khwiri

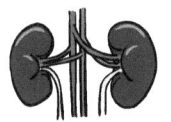

почки

tinso

половой акт

masangu

презерватив

khondomu

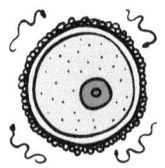

яйцеклетка

tandza

сперма

mbewu ya vununa

беременность

nyimba

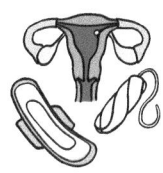

менструация

kuya enkarhini

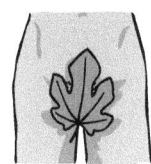

вагина

muhocho

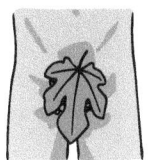

пенис

xiluma

бровь

tinxiyi

волосы

misisi

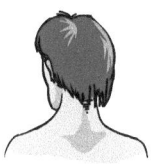

шея

nhamu

больница
xibedlhele

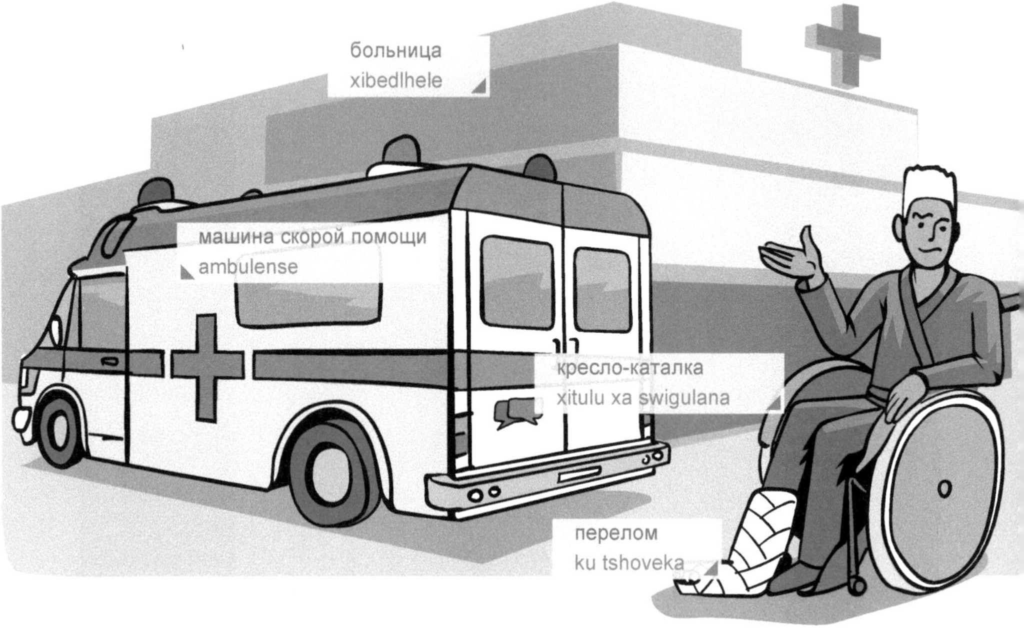

больница
xibedlhele
машина скорой помощи
ambulense
кресло-каталка
xitulu xa swigulana
перелом
ku tshoveka

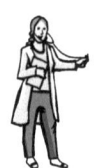

врач
dokodela

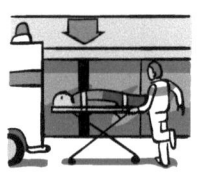

пункт первой помощи
kamara ra xilamulela-mhango

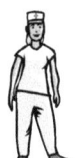

медсестра
muongori

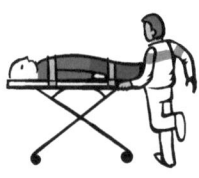

неотложный случай
xihatla

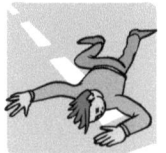

без сознания
ku titivala

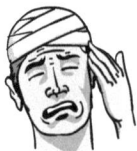

боль
kuvava

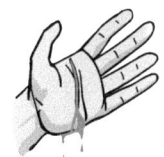

повреждение

ku vaviseka

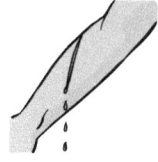

кровотечение

mpfempfa ngati

инфаркт

ku hlaseriwa himbilu

инсульт

ku oma swirho

аллергия

rinyenyo

кашель

khohlola

повышенная температура

xifumbu

грипп

mukhuhlwana

понос

nchuluko

головная боль

ku pandza ka nhloko

рак

khensa

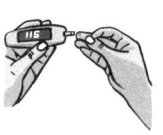

диабет

chukela

хирург

dokodela

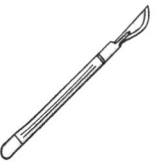

скальпель

mukwana

операция

vuhandzuri

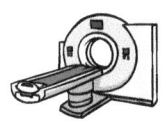

КТ
CT

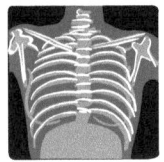

рентген
x-rheyi

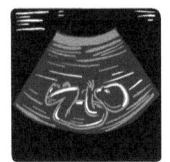

ультразвук
muchini wo yingisela
ntshuka-ntshuko

маска
xo tipfala tinhomfu

болезнь
vuvabyi

приёмная
kamara ro rindza

костыль
nhonga

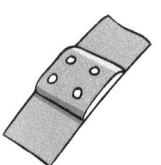

пластырь
semendhe

бинт
bandhichi

укол
neleta

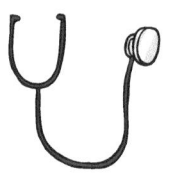

стетоскоп
muchini wa madokodela wa
ku yingisa

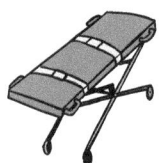

носилки
rihlaka

термометр
xipima-mahiselo

рождение
ku veleka

избыточный вес
ku nyuhela

больница - xibedlhele

слуховой аппарат

swipfuneta-ku-twa

дезинфекционное средство

khemikhale yo dlaya switsongwatsongwana

инфекция

switsongwatsongwana

вирус

xitsongwatsongwana

ВИЧ / СПИД

HIV / AIDS

лекарство

miri

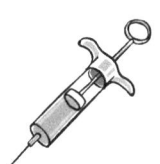

прививка

nayiti

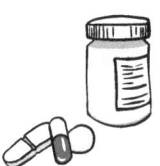

таблетки

maphilisi

противозачаточная таблетка

pilisi

экстренный вызов

riqingho ra xihatla

прибор для измерения кровяного давления

muchini wo kamba nsusumeto wa ngati

больной / здоровый

vabya / hanya

сигнал тревоги

bele

нападение

ku hlaseriwa

Помогите!

Pfunani!

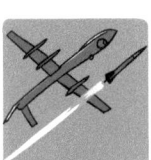

атака

hlasela

опасность

khombo

запасной выход

nyangwa wo huma loko ku ri ni mhango

Пожар!

Ndzilo!

огнетушитель

xo tima ndzilo

несчастный случай

mhangu

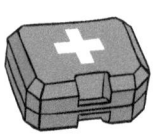

аптечка

bokisi ra xilamulela-mhango

SOS

SOS

милиция

phorisa

Европа

Yuropa

Северная Америка

Amerika N'walungu

Южная Америка

Amerika Dzonga

Африка

Afrika

Азия

Asia

Австралия

Australia

Атлантический океан

Atlantic

Тихий океан

Pacific

Индийский океан

Lwandle-nkulu ra Indiya

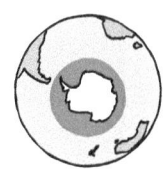

Антарктический океан

Lwandle-nkulu ra Antarctic

Северный Ледовитый океан

Lwandle-nkulu ra Arctic

Северный полюс

North Pole

Южный полюс

South Pole

Антарктика

Antarctica

земля

Misava

суша

tiko

море

lwandle

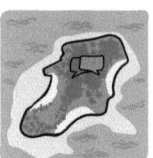

остров

xihlala

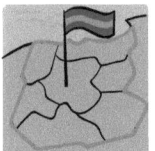

нация

rixaka

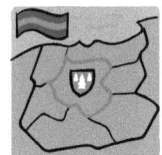

государство

tiko

циферблат

xikomba nkarhi

часовая стрелка

xikomba-tiawara

минутная стрелка

xikomba-timineti

секундная стрелка

xikomba-tisekoni

Который час?

I nkarhi muni?

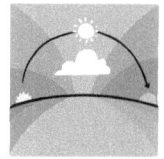

день

siku

время

nkarhi

сейчас

sweswi

электронные часы

wachi leyi tshavatelaka

минута

minete

час

awara

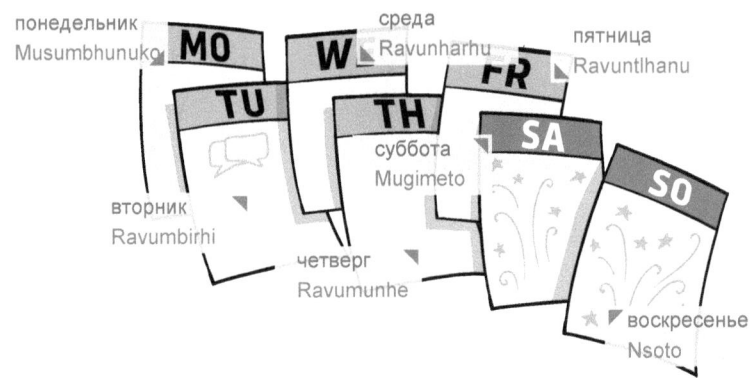

понедельник
Musumbhunuko

среда
Ravunharhu

пятница
Ravuntlhanu

вторник
Ravumbirhi

четверг
Ravumunhe

суббота
Mugimeto

воскресенье
Nsoto

вчера

tolo

сегодня

namuntlha

завтра

mundzuku

утро

mixo

полдень

nhlekani

вечер

madyambu

MO	TU	WE	TH	FR	SA	SU
1	2	3	4	5	6	7
8	9	10	11	12	13	14
15	16	17	18	19	20	21
22	23	24	25	26	27	28
29	30	31	1	2	3	4

рабочие дни

masiku ya ntirho

MO	TU	WE	TH	FR	SA	SU
1	2	3	4	5	6	7
8	9	10	11	12	13	14
15	16	17	18	19	20	21
22	23	24	25	26	27	28
29	30	31	1	2	3	4

выходные

mahelo vhiki

дождь
mfpula

радуга
nkwangulatilo

снег
gamboko

ветер
moya

весна
xumun'wana

осень
xixikana

лето
ximumu

зима
xixika

4.APRIL	11°	☀
5.APRIL	4°	☁
6.APRIL	13°	☁
7.APRIL	8°	❄
8.APRIL	10°	☀

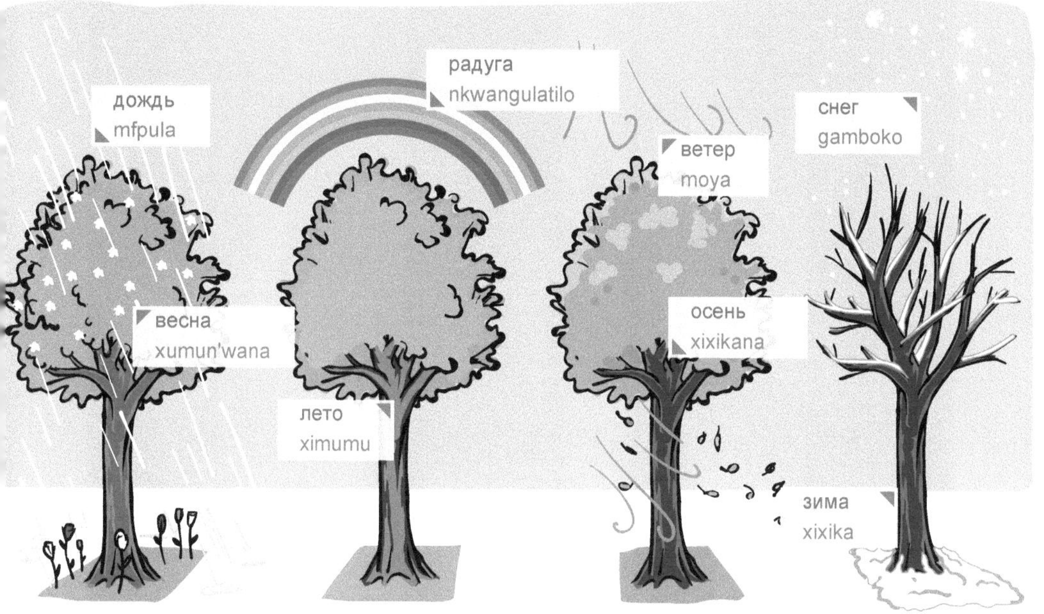

прогноз погоды
vumbha tamaxelo

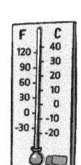

термометр
xipima-mahiselo

солнечный свет
dyambu

туча
papa

туман
hunguva

влажность воздуха
kutsakama

молния

rihati

гром

dzindza-tilo

буря

xidzedze

град

xihangu

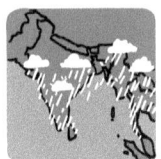

муссон

mpfula

наводнение

ndhambi

лёд

ayisi

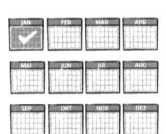

январь

Sunguti

февраль

Nyenyenyana

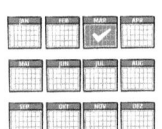

март

Nyenyankulu

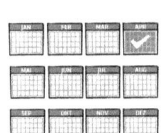

апрель

Dzivamusoko

май

Mudyaxihi

июнь

Khotavuxika

июль

Mawuwani

август

Mhawuri

год - lembe

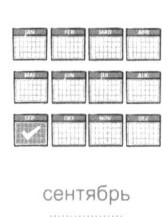

сентябрь
....
Ndzhati

октябрь
....
Nhlangula

ноябрь
....
Hukuri

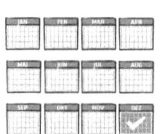

декабрь
....
N'wendzamhala

формы
swivumbeko

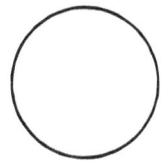

круг
....
xirendzevutana

квадрат
....
xikwere

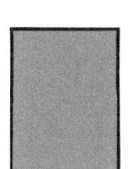

прямоугольник
....
matlhelo ya mune

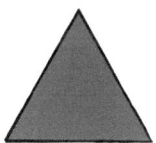

треугольник
....
xivunguvungu xa tintlha
tinharhu

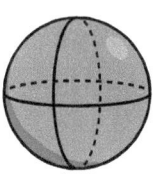

шар
....
bolo

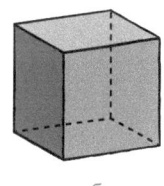

куб
....
cube

белый

basa

желтый

xitshopana

оранжевый

lamula

розовый

tshwukanyana

красный

tshwuka

лиловый

xigunguvungu

синий

wasi

зелёный

rihlaza

коричневый

buraweni

серый

mpunga

черный

ntima

много / мало

swo tala / swi tsongo

яростный / мирный

hlundzukile / rhurile

красивый / уродливый

sasekile / bihile

начало / конец

masungulo / makumo

большой / маленький

kulu / tsongo

светлый / темный

vangama / munyama

брат / сестра

buti / sesi

чистый / грязный

basile / chakile

полный / неполный

helerile / helelangiki

день / ночь

siku / vusiku

мёртвый / живой

file / hanyaka

широкий / узкий

pfulekile / pfalekile

съедобный / несъедобный

swa dyiwa / a swi dyiwi

злой / дружелюбный

homboloka / lunghile

взволнованный / скучающий

tsakile / phirekile

толстый / худой

nyuhela / lala

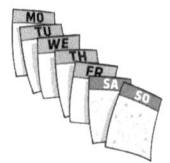

сначала / в конце

masungulo / makumo

друг / враг

mungana / nala

полный / пустой

tele / hava

твёрдый / мягкий

tiyile / olova

тяжёлый / легкий

tika / vevuka

голод / жажда

ndlala / torha

больной / здоровый

vabya / hanya

незаконный / законный

swi ngariki enawini / enawini

умный / глупый

tlharihile / xiphukuphuku

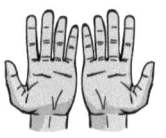

слева / справа

ximati / xinene

близко / далеко

akusuhi / kule

новый / подержанный

yintshwa / tirhisiwile

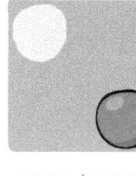

ничто / нечто

hava / xin'wana

старый / молодой

dyuharile / muntshwa

включено / выключено

xarirha / xitimile

открыто / закрыто

pfurile / pfariwile

тихо / громко

myerile / huwa

богатый / бедный

fuwile / xisiwana

правильный /
неправильный
swinene / bihile

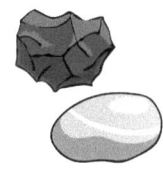

шероховатый / гладкий

khwasha / reta

печальный / счастливый

vaviseka / tsaka

короткий / длинный

koma / leha

медленный / быстрый

hlwela / hatlisa

мокрый / сухой

tsakama / oma

тёплый / прохладный

kufumela / titimela

война / мир

nyimpi / kurhula

цифры
nomboro

0

ноль

noto

1

один

n'we

2

два

mbirhi

3

три

nharhu

4

четыре

mune

5

пять

ntlhanu

6

шесть

ntsevu

7

семь

nkombo

8

восемь

nhungu

9

девять

nkaye

10

десять

khume

11

одиннадцать

khume n'we

12

двенадцать

khume mbirhi

13

тринадцать

khume nharhu

14

четырнадцать

khume mune

15

пятнадцать

khume ntlhanu

16

шестнадцать

khume ntsevu

17

семнадцать

khumbe nkombo

18

восемнадцать

khume nhungu

19

девятнадцать

khume nkaye

20

двадцать

makhume mambirhi

100

сто

dzana

1.000

тысяча

gidi

1.000.000

миллион

gidi ya magidi

английский

Xinghezi

американский английский

Xinghezi xa Amerika

мандаринский китайский

Xichayina xa Mandarin

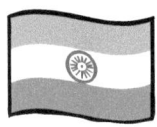

хинди

Xihindi

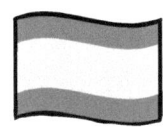

испанский

Xipaniya

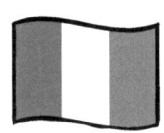

французский

Xifurwa

арабский

Xiarabu

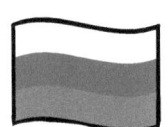

русский

Xirhaxiya

португальский

Xiputukezi

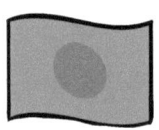

бенгальский

Xibengali

немецкий

Xijarimani

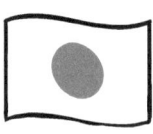

японский

Xijapani

я

mina

ты

wena

он / она / оно

yena / yena / xona

мы

hina

вы

n'wina

они

vona

кто?

mani?

что?

yini?

как?

njhani?

где?

kwihi?

когда?

rhini?

имя

vito

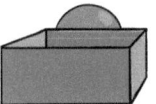

за

endzaku

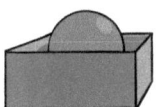

в

ahehla

перед

emahlweni a

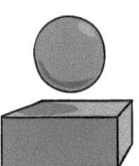

над

ahenhla ka

на

eka

под

ehansi

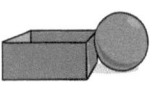

рядом

handle ka

между

exikarhi ka

место

ndhawu